Maria Goretti

Paulo
O amigo de Jesus Cristo

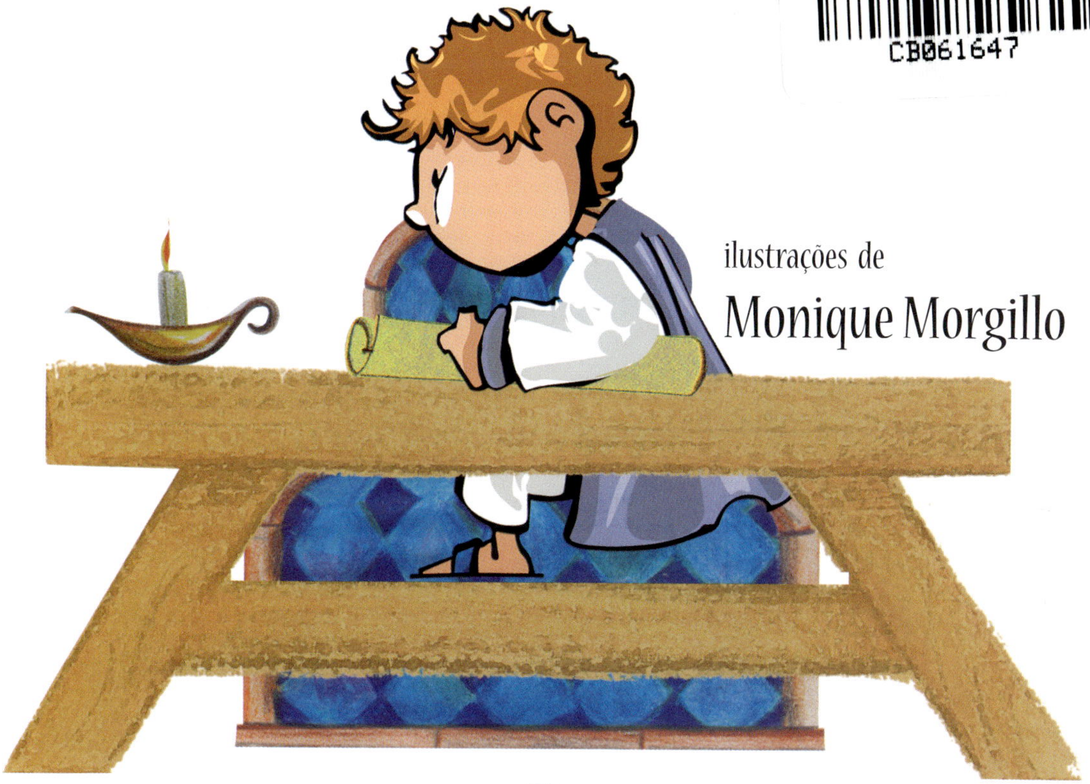

ilustrações de
Monique Morgillo

Dados Internacionais de Catalogação na Publicação (CIP)
(Câmara Brasileira do Livro, SP, Brasil)

Goretti, Maria
    Paulo : o amigo de Jesus Cristo / Maria Goretti ; ilustração Monique Morgillo. – 1. ed. – São Paulo : Paulinas, 2017. – (Coleção sementinha)

    ISBN 978-85-356-4293-3

    1. Apóstolos – Biografia 2. Apóstolos – Literatura infantojuvenil 3. Jesus Cristo – Discípulos 4. Paulo, Apóstolo, Santo I. Morgillo, Monique. II. Título III. Série.

17-03964   CDD-028.5

Índices para catálogo sistemático:
    1. Paulo : Apóstolo de Jesus : Literatura infantil 028.5
    2. Paulo : Apóstolo de Jesus : Literatura infantojuvenil 028.5

1ª edição – 2017
1ª reimpressão – 2023

Direção-geral: *Flávia Reginatto*
Editora responsável: *Andréia Schweitzer*
Coordenação de revisão: *Marina Mendonça*
Revisão: *Sandra Sinzato*
Gerente de produção: *Felício Calegaro Neto*
Produção de arte: *Claudio Tito Braghini Junior*
Ilustrações: *Monique Morgillo*

Esta narrativa é baseada nos Atos dos Apóstolos
e na Carta de São Paulo aos Filipenses 3,7-10.

Nenhuma parte desta obra pode ser reproduzida ou transmitida por qualquer forma e/ou quaisquer meios (eletrônico ou mecânico, incluindo fotocópia e gravação) ou arquivada em qualquer sistema ou banco de dados sem permissão escrita da Editora. Direitos reservados.

Paulinas
Rua Dona Inácia Uchoa, 62
04110-020 – São Paulo – SP (Brasil)
Tel.: (11) 2125-3500
http://www.paulinas.com.br – editora@paulinas.com.br
Telemarketing e SAC: 0800-7010081

© Pia Sociedade Filhas de São Paulo – São Paulo, 2017

Para João e Mocinha,
minhas maiores riquezas.
Sempre!

Paulo nasceu em Tarso, uma cidade grande e importante. Culturalmente rica, possuía um porto e um movimentado comércio.

Quando criança, foi educado por seus pais, na sinagoga e na escola. Aprendeu a ler, a escrever, estudou a Palavra de Deus e conheceu os costumes de seu povo, os quais ele se preocupava muito em observar. Paulo sabia muitas orações, conhecia os salmos e era aplicado nos estudos.

Quando cresceu, Paulo se tornou um fabricante de tendas, profissão que aprendeu do pai. Ele levava uma vida bem completa: tinha uma boa formação, era muito religioso, participava da comunidade e era uma pessoa muito respeitada.

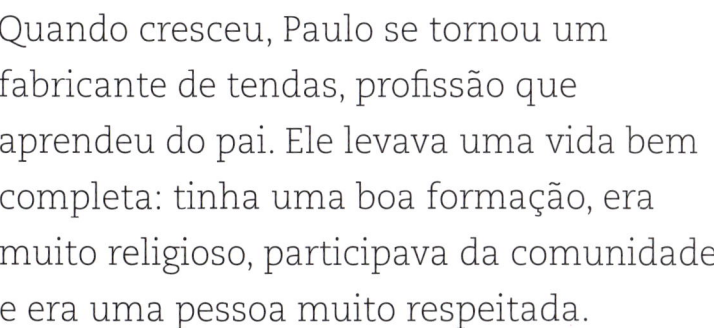

Paulo não gostava dos cristãos, porque pensava que eles não respeitavam a lei de Deus. Então, um dia, decidiu sair em busca deles e, com alguns companheiros, passou dias viajando para Damasco, uma cidade da Síria, com o objetivo de prendê-los.

Mas, no meio do caminho, apareceu uma luz muito forte, que assustou a todos. Paulo caiu no chão e ouviu uma voz que falou:

– Saulo, Saulo – Saulo era o seu nome judaico –, por que você está me perseguindo?

Paulo ouvia a voz, mas não conseguia ver quem estava falando. Então, ele perguntou:

– Quem é o Senhor?

– Eu sou Jesus.

Paulo perguntou:

– O que devo fazer, Senhor?

– Levante-se, vá até Damasco e, lá, lhe será dito o que deve fazer.

Os homens que estavam viajando com Paulo ficaram parados, sem palavras, pois ouviam a voz, mas não viam ninguém. Paulo se levantou do chão e, embora os seus olhos estivessem abertos, não enxergava nada. Os seus companheiros o ajudaram a entrar em Damasco, e lá ele ficou três dias, sem enxergar e sem comer nem beber nada.

O Senhor pediu a um homem chamado Ananias para ir se encontrar com Paulo. Ananias não queria ir, mas confiou na palavra do Senhor e obedeceu.

Quando Ananias chegou a casa indicada, cumprimentou Paulo, chamando-o de irmão, e disse que o Senhor o tinha enviado. Paulo voltou a enxergar, foi batizado e se fortaleceu. Desse modo, ele começou a participar da comunidade dos cristãos.

Foi assim que Paulo se encontrou com Jesus.
Por causa dele, Paulo deixou para trás todas as
coisas que considerava importantes. Para ele agora
o mais importante era conhecer Jesus Cristo.

Sua vida mudou muito.

Jesus confiou a Paulo a missão de evangelizador, para que anunciasse a sua Palavra a todas as pessoas. Essa tarefa o levou a percorrer muitos lugares, tanto por terra quanto por mar. As viagens eram cansativas e perigosas. Mas Paulo não desanimava, pois acreditava na Palavra do Senhor e em sua vocação de missionário.

Paulo fundou muitas comunidades, porém nem sempre conseguia visitá-las, então escrevia cartas, nas quais sempre se apresentava como servo de Cristo ou apóstolo. A primeira carta que escreveu foi aos Tessalonicenses.

Suas cartas eram uma forma de estar perto das comunidades. Por meio delas ele aconselhava, resolvia os problemas, dava orientações, consolava e partilhava a sua fé. Pelas cartas também conhecemos os lugares por onde ele passou e as comunidades que fundou ou visitou. Os seus colaboradores também o ajudavam a escrever as cartas.

Paulo aprendeu a confiar no amor de Deus, no seu amor gratuito e bondoso. Ele passou por muitas dificuldades, mas a experiência desse amor o fortaleceu.

Paulo fez três grandes viagens missionárias, percorrendo muitos e muitos quilômetros. Mas nunca viajava sozinho, sempre convidava alguém para ir com ele. Na primeira viagem, foi com Barnabé e João Marcos; na segunda, com Silas e também com Timóteo e Lucas; e na terceira viagem foi acompanhado de muitos amigos. Passou por grandes cidades: Antioquia, Atenas, Corinto, Éfeso, Roma.

As viagens eram longas, por isso eles precisavam parar ao longo do caminho para trabalhar e assim poderem comprar alimentos e seguirem adiante. Houve momentos em que eles passaram necessidades, mas em outras ocasiões receberam ajuda fraterna das comunidades.

Paulo fez amigos que o ajudavam nos momentos difíceis: Barnabé, Lídia, Priscila e Áquila, Febe e Timóteo, são alguns deles.

O Espírito Santo esteve sempre presente na missão de Paulo, inspirando, orientando, conduzindo e fortalecendo. Assim ele conseguiu realizar a missão que Deus lhe confiou, fazendo com que Jesus Cristo se tornasse conhecido e amado por muitos povos e nações.

Paulo ensinou que Jesus Cristo nos convida a
amar as pessoas. Por onde ele andava, falava
sobre o dom maior... o amor.

Mesmo que eu aprenda a falar
todas as línguas do mundo,
se não tiver amor,
da minha boca sairá somente um som vazio.

Mesmo que eu conheça todos os mistérios
e tenha todo o conhecimento,
toda a fé capaz de remover montanhas,
se eu não tiver amor,
nada sou.

Mesmo que eu reparta
todos os meus bens
aos necessitados,
se eu não tiver amor,
de nada adianta.

O amor é paciente,
e bondoso.
Não é invejoso,
nem orgulhoso.
Não se comporta mal,
não busca seu próprio interesse,
não se irrita,
não se alegra com a injustiça,
mas se alegra com a verdade.
Tudo suporta,
tudo crê,
tudo espera.

O amor jamais acabará.

As línguas acabarão
e o conhecimento também.
Conhecemos em parte,
mas haverá um dia
em que iremos
compreender tudo. [...]

Agora, conheço em parte,
mas, depois, conhecerei
como também fui conhecido.

Estas três coisas permanecem:
fé, esperança e amor.
Mas o dom maior é o amor.

(Cf. 1Cor 13,1-13)

Sou **Maria Goretti**, nasci no Sertão de Pernambuco. Formei-me em Letras e Teologia. Com as Letras aprendi a admirar a beleza e o significado das palavras, com a Teologia aprendi a contemplar a Palavra de Deus e a encontrar nela um caminho de conhecimento de Cristo. Sou uma irmã Paulina, a minha fé me levou a percorrer caminhos inesperados e com isso compreendi a força do chamado de Deus. São Paulo é para mim exemplo de seguimento de Cristo e de comunicador do Evangelho.

Meu nome é **Monique Morgillo**. Sou formada em Artes pela Faculdade Salesianas, de Santo André (SP). Atuo como artista sacra, escritora e ilustradora para livros e revistas. Também sou autora e ilustradora do livro *Francisco, o caminho das flores,* publicado por Paulinas Editora.